UN ESSAI

SUR

L'ART DE COLONISER

par

HENRY DE GOESBRIAND.

1ère PARTIE

Novembre 1893.

LANDERNEAU,

Imprimerie J. DESMOULINS, rue Lafayette, 5.

—

1893

UN ESSAI

SUR

L'ART DE COLONISER

par

HENRY DE GOËSBRIAND.

—◆—

1ère PARTIE

—◆—

Novembre 1893.

LANDERNEAU,

Imprimerie J. DESMOULINS, rue Lafayette, 5.

—

1893

AVANT-PROPOS

Qui suis-je, pour entreprendre de traiter une question si grave, si complexe ? pour tenter de résoudre un problème aussi délicat, aussi ardu ? hélas ! un écrivain bien obscur, inconnu même.

Mais, j'estime que tout Français, tout contribuable a le droit de se préoccuper des intérêts de la France, de contrôler les actes de l'administration coloniale, de signaler les abus, les fautes commises ; d'indiquer à ses concitoyens la marche à suivre, la meilleure selon lui, pour arriver à des résultats plus satisfaisants ; car, l'État n'est que le *régisseur* d'une propriété indivise, à laquelle les plus pauvres comme les plus riches ont des droits égaux.

Or, il est au vu et au su de tous, que nos Colonies, telles qu'elles sont organisées et administrées aujourd'hui, sont pour la Mère-Patrie une cause de pertes et de dépenses, tant en hommes qu'en argent et, ne nous rapportent pas le dixième de ce qu'elles nous coûtent.

Donc, de ce côté, tout va mal.

Telle est l'excuse que j'invoque : elle est fort triste assurément, nul n'en contestera la valeur.

On voudra bien remarquer, du reste, que je donne à ce travail un titre bien modeste : Un Essai !

Mon intention n'est donc pas de faire ici l'historique de nos colonies, d'en donner une description détaillée; mais, de rechercher les moyens pratiques pour les *coloniser* le plus promptement, le plus économiquement possible.

Et d'abord, qu'est-ce qu'une colonie ?

Une simple possession, une propriété de rapport destinée à fournir à la métropole les denrées, les produits qu'elle ne récolte pas sur son propre sol.

Un point de relâche, un poste où nous devons entretenir les vaisseaux, les forces nécessaires à la police des pays environnants, à la protection de nos nationaux, à l'établissement et au maintien de notre influence, de notre prépondérance, en un mot, à la défense de nos intérêts, de l'honneur de notre drapeau.

Par les débouchés qu'elle nous procure, la colonie est aussi pour notre industrie, pour notre agriculture, pour notre commerce une source de richesse.

Se plaçant à un point de vue plus élevé, d'autres trouvent en elle un moyen de faire pénétrer la civilisation dans les pays les plus sauvages, d'y faire régner l'ordre, la paix, le bien-être.

C'est tout cela et c'est plus encore ; la colonie, si le climat en est salubre, si le sol en est fertile, doit être, surtout, un « lieu d'asile, » où peuvent se retirer et vivre tous les pauvres déshérités de notre vieux monde, tous ceux qui, à tort ou à raison, croient ne plus trouver à gagner du pain pour eux et pour leurs enfants dans la Mère-Patrie et prennent le parti d'émigrer.

Le dépeuplement de la France n'est pas aujour-d'hui, on le sait, notre moindre préoccupation ; l'émigration prend des porportions de plus en plus inquiétantes ; vingt mille de nos compatriotes s'expatrient tous les ans, et ce sont, pour la plupart, des hommes dans la force de l'âge, de bons travailleurs, d'excellents Français.

Est-ce donc pour se fixer dans telle ou telle de nos colonies ? oh ! alors il n'y aurait que demi-mal, car, en quittant la France ils ne cesseraient d'être Français, les services qu'ils ne nous rendent plus ici, ils nous les rendraient ailleurs.

Hélas ! l'Amérique du Sud, surtout les attire ; quel y est leur sort ?

Lisez plutôt ces quelques passages, d'une pétition adressée en 1891, à Monsieur Constans, alors ministre de l'intérieur, par un groupe de ces malheureux émigrés :

« MONSIEUR LE MINISTRE,

« Les soussignés, membres de la colonie de Buénos-
« Ayres, ont l'honneur de signaler à votre bienveillante
« attention les faits suivants :

« La plus grande misère règne actuellement à
« Buénos-Ayres et dans la République Argentine.
« Plusieurs milliers d'émigrants Français sont sans
« travail et n'ont pas un morceau de pain à se
« mettre sous la dent ; un grand nombre d'entre eux
« ont été arrêtés comme vagabonds et conduits en
« prison.

« Au nombre des signataires de la présente requête
« il s'en trouve plusieurs qui n'ont pas mangé depuis
« vingt-quatre heures et qui n'ont pas même un abri
« pour se réduire la nuit. Tel est le sort réservé
« à nos compatriotes qui se laisseraient séduire par

« les promesses dénaturées des agences d'émigration,
« la famine les attend. »

Oh! la belle, la grande, la noble mission qu'auraient à remplir, si elles le voulaient, les nations de notre vieille Europe, et aussi les États-Unis d'Amérique : civiliser le monde entier! et cela, non seulement, sans sacrifices bien sensibles d'hommes et d'argent; mais même en s'enrichissant, en se créant des débouchés, en se mettant pour l'avenir, à l'abri de toute famine.

Et pour cela, que faut-il?

D'abord, une entente générale, un partage loyal et *définitif* des pays à policer, n'obligeant ni les uns, ni les autres — sous peine de dépossession — à une occupation immédiate des pays qui leur sont attribués.

Car, le grand obstacle ne vient pas pour l'occupant des difficultés à vaincre dans le pays même qu'il colonise, mais surtout des nations rivales, jalouses de son influence, toujours prêtes à entraver ses efforts.

En ces occurences ce sont les *civilisés* qui se comportent en *sauvages*, ce sont eux qui procurent aux indigènes les armes, les munitions indispensables pour repousser une civilisation salutaire, une civilisation dont leur avenir même dépend, et l'on dirait, vraiment, qu'il en est des peuples, comme de cet enfant, qui à table, s'est servi une portion si forte qu'il ne la peut avaler et dont on dit en riant : « Il a eu les « yeux plus gros que le ventre ! »

Si la responsabilité de cette concurrence n'incombe pas toujours à la nation elle-même, si elle est souvent imputable à tel ambitieux au pouvoir, jaloux, dans son incapacité bête, dans son sot orgueil d'acquérir quelque gloire, avec le titre de conquérant, les choses pour cela n'en vont pas mieux, le résultat n'en est pas moins fâcheux, ce n'en est pas moins au pays que revient le soin de payer les pots cassés.

Et de ceci les exemples sont multiples, nous avons sur les bras le Tonkin, l'Annam, le Dahomey ; les Anglais, il y a quelques années ont dû évacuer Kartoum, aujourd'hui l'Ouganda leur glisse entre les doigts, etc.

La leçon, paraît-il, ne vaut pas un fromage, car, à peine une colonie échappe-t-elle à l'un, qu'il se trouve dix compétiteurs pour se la disputer.

Par l'acte de Berlin, le Tchad est assigné à la France comme extrême limite de sa zone d'influence dans le centre africain ; cette cession, aussitôt, devient le signal d'une course au clocher — d'une course au lac — à laquelle prennent part l'Anglais, l'Allemand, qui sais-je encore ?

Et voilà comment on comprend un loyal partage ! huit jours pour découvrir, huit jours pour conquérir, huit jours pour coloniser ! une nouvelle et très intelligente application des *trois huit* !

Craignons-nous donc que la terre nous manque ? Oh ! elle est assez grande pour tous !

Vous connaissez ces jolis vers de Joseph Soulary :

> « *Je ne veux qu'un arpent pour le mesurer mieux ;*
> « *Je dirais à l'enfant la plus belle à mes yeux :*
> « *Tiens-toi debout devant le soleil qui se lève :*
> « *Aussi loin que ton ombre ira sur le gazon :*
> « *Aussi loin je m'en vais tracer mon horizon :*
> « *Tout bonheur que la main n'atteint pas n'est qu'un*
> [*rêve.* »

Vous connaissez aussi ce conte du célèbre romancier russe, Tolstoï : combien faut-il de terrain à l'homme ?

« Un paysan nommé Pacôme, vit heureux dans une
« petite ferme qu'il cultive, un voyageur lui demande
« l'hospitalité, et, dans la soirée lui raconte qu'en
« un certain pays, chez les Baskirs, on cède à vil prix,
« à qui en fait la demande, toute la terre qu'il peut
« en *marchant* entourer dans la journée.

« D'un naturel cupide, Pacôme aussitôt, vend son
« petit domaine ; il se rend en hâte au pays des
« Baskirs : Là, le fait lui est confirmé. Pacôme verse
« la somme exigée, et, au soleil levant, part allègre,
« d'un point déterminé, auquel il doit être revenu
« pour le soir.

« Il va ! il va ! et plus il va, plus la terre
« lui semble fertile « *le pays est si beau, le sol*
« *si gras, si plein de promesses, comme le lin*
« *y pousserait bien !* »

« Pacôme a fait *trop longs* les deux premiers côtés
« de son domaine ; la fatigue le prend, le soleil baisse,
« plus un moment à perdre !

« Il se dirige en droite ligne vers la colline au
« sommet de laquelle l'attendent les Baskirs.

« *Et il court, il court................................*
« *Il regarde le soleil................................*

« *Le disque de l'astre est rouge, élargi, son bord*
« *touche le bout de l'horizon, il commence à*
« *l'échancrer. Maintenant il a atteint la colline, le*
« *soleil disparaît, il chancelle et tombe.*

— « *Un rude gaillard, dit l'ancien, il a acquis*
« *un immense domaine !*

« . . . .

« *Le domestique de Pacôme se hâte vers son maître;*
« *il veut le relever ; il le regarde ; par le coin des*
« *lèvres coule un filet de sang, Pacôme est mort.*

« . . . .

« *On creuse pour Pacôme une fosse, juste assez*
« *longue pour pouvoir l'y étendre — un peu plus*
« *de cinq pieds ! »*

Méditons cet apologue ; disons-nous bien qu'entre
le désintéressement si rare de Joseph Soulary —
ou de son héros — et la cupidité du paysan Pacôme
il y a un juste milieu, disons-nous bien que la terre
pour laquelle nous faisons de si grands sacrifices; pour
la conquête de laquelle les plus braves enfants de
la France tombent morts, n'est pas toujours *grasse*

et *fertile*, mais, le plus souvent stérile, ingrate et insalubre.

La protection ! nous sommes tenus de l'accorder à nos nationaux sur toute l'étendue du globe terrestre; c'est une bien lourde tâche, souvent au-dessus de nos forces et dont l'accomplissement, parfois, peut lancer le pays dans les pires aventures; les esprits trop entreprenants ne pourraient-ils le comprendre ?

Une nation civilisée, quelle qu'elle soit, a-t-elle lieu de se réjouir de l'insuccès d'une nation voisine, en matière de colonisation ? Mille fois non ! C'est bien le contraire et la grande œuvre de la civilisation des peuples devrait être commune entre toutes, chacune agissant dans sa zone.

Au lieu de nous ruiner en armements dispendieux, qui, périodiquement nous obligent à nous entre-tuer, pourquoi ne pas recourir à ce *dérivatif* naturel, si puissant, qui s'offre à nous : la Colonie !

Si même, en Europe, certains territoires sont en litige, causes de haines séculaires, pourquoi n'en pas offrir l'équivalent au compétiteur, dans quelque pays neuf et pourquoi, dans un esprit de paix, le compétiteur ne l'accepterait-il pas, cet équivalent ?

Est-il donc d'une bonne politique pour un peuple, de sacrifier ses intérêts les plus vitaux à un amour-propre, souvent mal placé ?

Ne l'oublions pas, non plus, pendant que nous nous usons par des guerres terribles, un peuple grandit, qui, à une époque encore indéterminée, mais dont chaque jour nous rapproche, deviendra pour tous un danger.

Là, le dépeuplement n'est pas à craindre, la race est prolifique, autant, presque, que le Termite et le Taret ; bien que païenne elle semble se conformer aux préceptes du Christ : Croissez et multipliez.

Déjà elle ne nous apparaît plus comme « une *quantité négligeable.* » Son instruction terminée, sa centralisation accomplie, elle recommencera avec *de nouveaux outils,* ainsi que l'a prédit l'amiral Courbet.

Ingénument nous nous sommes fourrés dans sa gueule, mais que d'autres, pourtant, ne s'y trompent pas, si nos colonies d'Orient sont les premières envahies, les leurs aussi, auront leur tour.

Pour repousser une invasion Chinoise, l'union de tous les peuples d'Europe deviendra nécessaire, et, longuement à l'avance, il importe de la préparer.

I

L'occupation d'un pays inexploré ou imparfai-tement connu doit être précédée d'une étude ayant pour objet de nous donner sur ce pays tous les renseignements utiles, de nous permettre d'apprécier la possibilité, les avantages de sa colonisation ; tel est le rôle des *missions* ; on ne comprend donc pas l'*économie* en cette matière et, l'esprit reste con-fondu de la légèreté que nous mettons à les organiser, de l'imprévoyance avec laquelle nous lançons dans le désert ces hardis explorateurs, ces hommes dévoués, prêts à tous les sacrifices, trop souvent victimes de leur témérité.

Est-il nécessaire de rappeler la mort tragique ou pitoyable des Crampel, des Orsi, des Lauzière, des Biscarat, des Quiquerez, des Mesnard, des d'Uzès ?

Quant aux autres, à ceux qui réussissent, les Mizon, les Monteil, les Méry, leurs succès, on peut le dire, tiennent du miracle.

Non ! dans l'organisation d'une mission rien ne doit être laissé au hasard, toutes les précautions doivent être prises pour que la réussite en soit assurée.

Ce qui est vrai pour la mission l'est plus encore pour la colonisation ; or, quelle est la condition actuelle de l'émigrant ?

S'il désire se fixer dans une colonie Française : Algérie, Tonkin, Annam... l'administration coloniale lui fait connaître les clauses principales de la concession ; lui présente la carte du pays, souvent inexacte ; illettré, l'émigrant prend les montagnes pour des vallées, les cours d'eau pour des voies ferrées, ne se rend aucun compte des distances et, finalement, se laisse tenter par les teintes bleues, rouges, vertes ou jaunes des frontières.

Le voilà parti, et jugez son désespoir, lorsqu'il se trouve brusquement transplanté dans un pays sauvage, en pleine brousse, sans abri, isolé ou ayant pour voisins des colons de nationalités étrangères dont il ignore la langue, qui, peut-être, lui seront hostiles ou peu disposés à lui venir en aide, sans défense, exposé aux attaques des naturels ou des fauves, ignorant de l'hygiène à suivre.

Le changement de climat, sans transition aucune est pour lui, d'autant plus dangereux qu'il va manquer de tout confort et devra pour s'installer, pour prendre pied, se livrer à de rudes et incessants travaux ; ses connaissances agricoles ne lui seront d'aucune utilité, il fera école sur école.

Dans nos colonies, l'émigrant se trouve donc ou peu s'en faut, dans les mêmes désavantageuses conditions que ses malheureux compatriotes dont nous avons parlé plus haut, et, bien qu'en terre Française, il ne peut pas toujours compter sur la protection de la France.

Cependant, s'il réussit, si, peu à peu la colonie se peuple, la métropole, alors, s'en occupe, s'en *empare*, construit des voies ferrées, creuse des ports, des canaux, y envoie des troupes, en un mot, achève la colonisation.

Mais, pour qu'une colonie fondée par de tels moyens, réussisse, que de temps perdu ! que de sacrifices d'hommes ! que de forces inutilement dépensées !

Voici, comme exemple, ce que nous lisons à la 297e page du tome onzième, du magnifique ouvrage d'Élisée Reclus : *Géographie universelle :*

« *Maint village, (1) mainte ville salubre, où l'on voit*
« *aujourd'hui de nombreux enfants blancs et roses*
« *s'amuser dans les rues, a, dans son cimetière, deux*
« *ou trois couches superposées de colons, qui sont morts*
« *à la peine après avoir ameubli et assaini le sol pour*
« *leurs successeurs.* »

Alors, que faire ?

Mais, le contraire de ce qui se fait aujourd'hu un simple contre-pied à prendre.

---

(1) En Algérie, à deux encablures d Marseille.

Après une étude préalable, très consciencieuse, un pays nous paraît-il propre, par sa situation, par son étendue, par sa salubrité, par sa fertilité à recevoir une agglomération de colons agricoles, l'administration coloniale y choisit l'emplacement le plus favorable à l'édification d'une ville ; tout d'*abord* elle y fait construire les bâtiments indispensables à une installation *définitive* : caserne, école, mairie, hôpital, etc.... elle fait creuser des citernes, forer des puits, aménager les eaux, ouvrir des routes... à défaut de fleuve navigable, une voie ferrée relie la colonie naissante au port le plus voisin.

Le territoire environnant est divisé en lots de différentes grandeurs, selon les cultures auxquelles ils conviennent ; dans chacun de ces lots est construite une maison d'habitation appropriée au climat de la colonie, quelques arpents sont défrichés et ensemencés...

Vienne, alors, le Colon, il trouve une installation, sinon complète, du moins suffisante, loin de la France il est encore en France, entouré de Français ; il a à sa portée toutes les ressources indispensables et se trouve, en un mot, dans les meilleures conditions de sécurité, de réussite, d'acclimatement.

Mais, dira-t-on, quelle dépense !

Sans doute... on n'a rien pour rien ; cependant, n'est-il pas préférable et plus logique de commencer par... le commencement? de prendre, comme on dit, le taureau par les cornes? d'exécuter dès le début, des travaux que nous aurions à exécuter par la suite, qui seront d'autant plus utiles que les premiers en pourront profiter et jouir dès leur arrivée, et qui seront, par cela même, pour la Colonie en formation, une véritable attraction, un sûr garant de succès?

Vaudrait-il mieux, laisser encore nos colons s'étager par couches dans le cimetière?

Du reste, il ne s'agit pas ici, d'une dépense dans le sens propre du mot, mais, d'une *avance* faite au colon ; celui-ci, s'il en a les moyens, paiera *au comptant* le lot acquis, les édifices construits, les travaux de défoncement, d'assainissement, d'ensemencement.

Si, au contraire, il ne dispose pas de capitaux suffisants, il s'acquittera par annuités, envers l'état, qui, jusqu'à paiement intégral, aura hypothèque sur la concession même.

De plus, la colonie étant appelée à prendre un prompt développement, les terrains spéciaux, l'emplacement de la cité et aussi les mines ; les chutes d'eau, etc., que l'État se sera réservés, acquerront, presque instantanément une réelle valeur.

Ne serait-ce pas là, la meilleure application de ce crédit agricole que l'on s'efforce d'établir et qui, je le crains, tel qu'il est conçu, ne donnera pas tous les bons résultats désirés, le cultivateur pauvre et déjà endetté, n'offrant aux prêteurs aucune garantie.

Entre les deux modes de colonisation, est-il, je le demande, possible d'établir un parallèle?

L'un est plein d'aléas, de lenteurs, d'incertain, on pourrait l'appeler : le mode *hypothétique.*

L'autre, au contraire, nous assure un succès immédiat, nous conserve nos compatriotes en les sauvant de la misère, c'est la colonisation *mathématique.*

En terminant ce premier chapitre, purement théorique et consacré à des considérations générales, je ferai observer combien il est désavantageux, suivant les errements actuels, de s'attarder au rivage, de piétiner sur place, de patauger dans les « Deltas », dans les « Vasières » toujours malsains.

Nous ne faisons qu'un pas, faisons le grand en nous attachant à poser le pied au bon endroit.

Sur les hauts plateaux de l'intérieur le climat est généralement plus salubre, et puis, nous nous créons ainsi une base solide pour une nouvelle action en avant, tout cela doit être calculé et prévu.

Ne nous inquiétons pas des territoires intermédiaires ; autour du centre créé, la civilisation fera tàche d'huile ; elle coulera d'abord, le long du fleuve navigable, de la voie ferrée vers la mer, vers la France !

Disons-nous bien aussi, qu'une colonie ne saurait vivre et prospérer, si elle est soumise aux écrasants impôts, qui, de plus en plus, grèvent la mère-patrie.

On pourra les lui épargner, en partie, par une législation spéciale, par une division mieux entendue du territoire, dans lequel nous pouvons tailler en plein drap ; l'une et l'autre se traduiront par une grande économie de Préfectures, d'administrations, de tribunaux, de fonctionnaires de toutes sortes.

REMARQUE. — S'il est bon de favoriser, sur un point déterminé, une agglomération de colons, il importe de proportionner cette agglomération aux ressources de la contrée ; de ne pas attirer 500,000 habitants, par exemple, dans un territoire qui n'en saurait nourrir que 200,000, à cette réglementation on parviendra aisément par les clauses de la vente, interdisant le morcellement des lots.

Le mode de Colonisation que j'indique ne serait, du reste, pas sans précédents ; par les soins du Gouvernement Algérien, un village de pêcheurs Bretons vient de se fonder ; à son arrivée chaque famille a reçu une somme de 100 francs, de plus, 800 francs lui sont assurés comme minimum de sa pêche, et il serait encore question de créer par les mêmes moyens, un village de pêcheurs Français, qui aurait nom : *Suffren* .

II

L'ALGÉRIE

Lorsqu'un pays, à climat tempéré, comme la France, est appelé à coloniser un pays chaud, la *poussée*, naturellement, doit se faire du nord vers le sud, en quelque sorte, par gradation, sans *secousses*.

Ainsi, les hommes du midi s'acclimateront plus aisément en Algérie, que ceux du nord ou de l'Ouest, de même, que le naturel du Sud-Algérien aura moins à souffrir du climat du Sénégal, du Tonkin, du Dahomey, qu'un Provençal, qu'un Languedocien, qu'un Corse.

C'est une vérité, si... vraie, que j'éprouve quelque hésitation à l'énoncer ici, il le faut, pourtant, car on ne semble en tenir aucun compte ; ainsi, par exemple, au lieu d'avoir notre infanterie de marine casernée dans les ports de la Méditerranée : Alger, Oran, Bizerte, on lui donne pour cantonnements des villes situées sous les climats les plus brumeux : Brest, Cherbourg ! là, au retour de chaque campagne, nos malheureux soldats grelottent la fièvre et prennent des rhumatismes.

L'Algérie doit donc être notre première étape à l'aller, notre dernière étape au retour. Elle est, aussi, tout indiquée pour le recrutement de notre armée coloniale.

L'Arabe, dit-on, n'est pas assimilable ! ne serait-il pas plus exact de dire que nous ne sommes pas, nous,... Assimilants ?

Voici ce qu'en pense Élisée Reclus (1)

« Pourtant, quand on a vu les habitants de la Tunisie,
« ceux du Djérid ou pays des Palmes, accepter si faci-
« lement la domination de la France, peut-on douter que
« la principale cause de l'acquiescement passif ou volon-
« taire des indigènes Algériens au régime Européen
« augmente ou diminue avec les garanties de justice
« qu'il leur assure. »

Cette opinion est pleinement confirmée par ce proverbe Arabe : *« le peuple ne demande que deux*
« choses : la pluie et la justice. »

Or, comment le traitons-nous ce noble peuple, qui nous fournit le Spahis, le Turco ?

Moins bien, cent fois, que l'ignoble mercanti juif, ce criquet dévastateur qui ronge jusqu'aux moelles notre belle colonie.

---

(1) Géographie universelle,

Quelques extraits d'un rapport, lu au Sénat en Octobre 1899, par Monsieur Jules Ferry, suffisent à le démontrer :

« L'administration forestière détient le gouver-
« nement de fait de 800,000 indigènes, c'est devant
« elle qu'ils s'agenouillent et qu'ils tremblent. C'est
« elle qui arrache à leur pauvreté ce lourd tribut
« annuel, qui se chiffre en 1884, par 1,265,312 fr.
« de condamnations pécuniaires, amendes, dommages-
« intérêts et frais ; en 1885, 1,321,367 fr. ; en 1888,
« 1,119,652 fr. ; en 1890, 1,658,958 fr. Grâce à
« cela, du moins, les forêts d'Algérie produisent
« quelque chose ; elles ne donnent en produits
« forestiers qu'un revenu moyen de 477,000 francs
« depuis dix ans, mais elles produisent plus d'un
« million et demi de procès-verbaux............ »

« Mais, qui peut dire ce que ces tristes produits
« coûtent à l'autorité de la France dans le monde
« Arabe, à ce renom de justice et de loyauté
« qui est la véritable force du conquérant, à la
« paix sociale, à la sécurité du pays conquis?.... »

« Nous les avons vues, ces tribus lamentables, que
« la colonisation refoule, que le séquestre écrase, que
« le régime forestier pourchasse et appauvrit, nous
« avons entendu leurs plaintes, et touché du doigt
« la cause de leur misère. »

« Nous avons vu ces clairières cultivées, ces
« champs d'orge et de blé qui bordent les plaines,
« où, depuis des siècles, la charrue arabe creusait
« son maigre sillon, et, que l'esprit du système a
« fait rentrer violemment dans le sol forestier. »

« Nous avons vu sur les dunes, en petite Kabylie,
« la fiscalité Française disputer à l'Arabe en gue-
« nilles, l'herbe verte qui foisonne au printemps
« autour des touffes de lauriers-roses. »

« Ce n'est pas seulement notre cœur qui s'est
« ému, c'est notre raison qui a protesté, il nous a
« semblé qu'il se passait là quelque chose qui n'est
« pas digne de la France, qui n'est, ni de bonne
« justice, ni de politique prévoyante. »

« L'administration des forêts a dressé de 1883 à
« 1890, 96,570 procès-verbaux ! combien a-t-elle fait
« de désespérés ? est-il bien surprenant, de voir
« chaque été, monter à l'horizon, la flamme des
« incendies, et le nombre et l'importance des sinistres
« s'accroître, pourrait-on dire en proportion des
« rigueurs de la répression forestière ? »

« Les colons n'ont pas de vues générales sur la
« conduite à tenir avec les indigènes, ils ne com-
« prennent guère, vis à vis de ces trois millions
« d'hommes, d'autre politique que la compression. »

« Avec les années, le souvenir des luttes sau-

« glantes s'effacerait ; ce qui les perpétue, ce sont
« les mesures économiques, injustes ou mal conçues,
« les rigueurs du régime forestier, l'expropriation
« du sol natal, les séquestres qui ne se liquident
« pas, l'exploitation des douars indigènes par les
« communes de plein exercice, le poids incessamment
« accru des impôts et l'arbitraire dans la perception. »

Dans son orgueil féodal, l'Arabe ne s'abaissera
peut-être jamais à cultiver sa terre comme il le
devrait, cela nous donne-t-il le droit de l'en dé-
posséder ?

Instruit il devient le premier soldat du monde ;
quelques égards, beaucoup de panache, une forte
paie le transforment, d'ennemi acharné en allié
dévoué et fidèle.

Est-ce là le seul avantage que nous offrent l'Algérie
et la Tunisie ?

Il est bien inutile de rappeler leur étonnante
fertilité, la grande variété de leurs produits : vin,
huile, sparte, oranges, etc.

Par l'étendue de leurs côtes, alors, surtout, que
Bizerte sera fortifiée, le canal des deux mers creusé,
elles nous assureront, en dépit de Suez et de
Gibraltar, la prépondérance sur la partie antérieure
de la Méditerranée.

De plus, l'Algérie et la Tunisie sont pour la France une inappréciable base d'opération, en quelque sorte la clef de l'Afrique septentrionale.

Ah ! si l'Angleterre, notre pratique voisine eut eu à sa porte une telle colonie, commandant un continent immense et fertile, quel parti n'en eut-elle pas su tirer !

Mais nous, pendant une occupation de plus de soixante ans, qu'en avons-nous fait ?

Auprès des trois millions d'Arabes et de Berbères, auprès des trois cent mille Italiens, Espagnols, Juifs et Mahonais qui la peuplent, nous sommes deux cent soixante-dix mille Français !

Survienne une guerre Européenne, l'Algérie nous échappe, peut-être !

On le voit, il y a urgence, sans retard attachons-nous à y créer des centres agricoles, ils auront pour premier effet, de nous assurer, quoi qu'il advienne, la conservation de notre belle colonie ; de nous fournir, en cas de guerre, d'utiles contingents, d'une mobilisation bien facile ; de créer des courants commerciaux, aboutissant au Tchad et au grand marché de Tombouctou, de nous rapprocher du Soudan Français et des sources du Niger.

L'Algérie, il est vrai, ne se prête pas à de grandes agglomérations, la disposition du sol et la pénurie d'eau s'y opposent, on y suppléera en multipliant les petits centres ; et quelle population le pays ne peut-il pas nourrir ?

« C'est dant le Tell — dit Élisée Reclus — c'est dans « le Tell que s'établissent les Colons, labourant leurs champs « pour y semer le grain ou pour y planter la vigne ; grâce « aux pluies abondantes et à la fertilité du sol, les quinze « millions d'hectares du Tell nourriraient facilement le « même nombre d'habitants. »

Dans les grandes Oasis du Sahara : le Touat, le Gourara, le Tidikeld, encore imparfaitement connus, une colonie Française peut-elle se fonder et vivre ?

En prévision d'une nouvelle marche en avant, et aussi, pour nous en assurer la possession définitive, c'est bien là qu'il importerait de nous établir, tout d'abord.

Merveilleusement situées, sur la route du Tchad et du Niger, les Oasis sont à cent lieues à peine d'El-Goléah. Qu'est donc cette distance, comparée aux 1,440 kilomètres de voie ferrée que viennent de construire, dans le désert aussi, d'Ouzoun-Ada à Samarcande, nos amis les Russes ?

Landerneau. — Imprimerie J. Desmoulins.

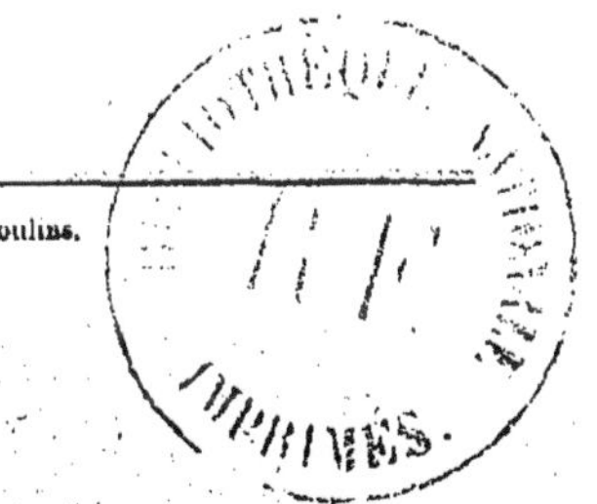

www.ingramcontent.com/pod-product-compliance
Ingram Content Group UK Ltd.
Pitfield, Milton Keynes, MK11 3LW, UK
UKHW021634130726
13696UKWH00005B/2188